ALTO PARAGUAI

Y

PANTANAL DEL ARAGUAIA

ISBN: 9781688361775

ALTO PARAGUAI

Y

PANTANAL DEL ARAGUAIA

JUAN SANZ SANZ

ACLARACIÓN:

En 1984, tras años de concienzudos estudios, muchos cálculos y comprobaciones, JUAN SANZ SANZ (1943 - 2019), dio a conocer, ante dos de las altas instancias del gran país que es Brasil, de forma privada y personal, dos proyectos diferentes que les presentó con los siguientes títulos: IDEAS PARA UN PROYECTO DE DESECACIÓN Y PUESTA EN CULTIVO DE LOS PANTANOS DEL ALTO PARAGUAI y AVENAMIENTO DEL PANTANAL DEL RIO ARAGUAIA.

La magnitud de los trabajos que proponía en ellos le indicó al autor el camino correcto a seguir y no se equivocó, los dos estamentos del Estado contactados por él no demoraron las respuestas formales.

Desgraciadamente acaba de fallecer el cultísimo hombre, un autodidacta al que muchos no dudarían en calificar de prototipo de persona cercana al Renacimiento dada la gran cantidad de conocimientos que durante toda su existencia procuró agrandar.

El bagaje que le proporcionaba su sabiduría, debida a la profundidad de la inmersión que durante décadas hizo en la Geografía y en la Historia, unidos a la atenta observación de lo mucho que acontecía por aquellos años en todo el Planeta, le dieron entonces al malogrado autor el impulso necesario para pergeñar sus trabajos.

Es bueno recordar de nuevo que hablamos de 1984, entonces, igual que en este Siglo XXI, pesaba mucho en contra suya la palabra, presente siempre en una sociedad en exceso jerarquizada: AUTODIDACTA.

Ahora, sin mover ni una coma de su legado, se publican por vez primera sus Proyectos Hídricos; el que corresponde a Brasil se titula, por así dejarlo decidido el autor al guardar los archivos que los contienen: **ALTO PARAGUAI** y **PANTANAL DEL ARAGUAIA.**

BIOGRAFÍA:

Autodidacta, Juan Sanz Sanz (1943-2019), se dedicó, desde la primera juventud, a desentrañar los problemas que le planteaban las lecturas de los hechos históricos narrados por los distintos autores que frecuentemente divergían entre sí.

La Geografía fue una de sus grandes aficiones y motivo de ferviente estudio, no existiendo en la Planeta lugar, por muy recóndito que se hallase, del que no se hubiera informado exhaustivamente.

El atento seguimiento de la realidad social y política en la que transcurrió su existencia se tradujo en propuestas de aprovechamiento hídrico en tres continentes y cada uno de los proyectos fue enviado en su día a los lugares que calculó más idóneos para su consecución.

Los idiomas -léase el francés, el inglés, el italiano, el portugués y el alemán, además del suyo propio, el castellano-, no tenían secretos para él y así pudo disfrutar plenamente de la Literatura escrita en ellos, otra afición en la que, como hombre ilustrado, encontraba a sus iguales.

En la primera juventud la guitarra española y posteriormente el piano, fueron instrumentos musicales a los que dedicó un gran esfuerzo parejo a la pasión que la Música despertaba en él y así, en la madurez, con auténtica devoción y delicadeza, interpretaba hermosas piezas de Bach, Chopin, Debussy y Beethoven que contribuyeron mucho a hacer sus días más humanos y el paso del tiempo más leve.

Además de los Proyectos Hídricos, deja muchos trabajos literarios prácticamente a punto de publicar, algo que se procurará dar a la luz pública.

In memóriam

INTRODUCCIÓN:

Año 1984

El problema del Brasil es de parecido carácter al de China. Es un Estado muy grande (8,5 Mkm2), muy poblado (130 Mhb), con grandes recursos potenciales, enormes bosques, el mayor río del mundo y un poblamiento muy antiguo, desde el principio del descubrimiento del Nuevo Mundo. Antaño fue importante por sus minas de oro, por la planta tintórea que le dio nombre, por sus plantaciones de azúcar. Pero el sistema colonial se basa en una duplicidad. Hay dos sociedades completamente distintas que conviven aparentemente en el mismo territorio. Una sociedad muy adelantada, que está a la altura de las más avanzadas de cada época, y un territorio enorme, fuera completamente de ella. De ahí que esas fronteras teóricas sólo encierran, en realidad, un espacio comercial en el que los productos del Estado pueden circular con más facilidad que hacia fuera de las fronteras. Pero, ¿qué valor tiene realmente esto? El "territorio nacional" no es más que una frontera, un límite, que no tiene más valor que el de sus puestos aduaneros respecto a otras fronteras. Teóricamente los ciudadanos pueden circular por él sin trabas, pero esto es la teoría; en realidad, no hay fronteras allí. Por tanto, el Brasil no termina en los confines de la Amazonía, sino en las regiones densamente pobladas del Mato Grosso. Este es el primer hecho interesante que debemos resaltar. Sudamérica es un mundo sin fronteras, como África. En Sudamérica no hay siquiera diferencias lingüísticas que frenen las migraciones, puesto que la afinidad entre el portugués y el castellano es tal que se reduce al acento.

Brasil está formado, pues, por dos realidades diferentes, extrañas -en cierto modo- entre sí: un territorio densamente poblado y un vasto espacio semivacío. El contraste es acusadísimo, a pesar de que aquí no encontramos grandes llanuras aluviales cultivadas densamente como en Asia. El poblamiento sudamericano concentrado se localiza en grandes ciudades, porque su carácter es mixto -industrial y agrícola. El sistema colonial se basa en la yuxtaposición de dos sociedades casi incomunicadas. Una no es prolongación de la otra, sino que son dos realidades distintas. Este hecho no es exclusivo del Brasil, sino de toda Sudamérica y de parte de Asia. Hay un núcleo con poblamiento muy denso y nivel cultural integrado en la vida moderna, y una periferia, muchas veces más extensa. Este es el primer y más grave desequilibrio que padecen las sociedades coloniales -no porque sean colonias, sino porque su estructura sigue siendo colonial. A pesar de ello, y aunque hiera el patriotismo, ¿hasta qué punto siguen siendo colonias de otras metrópolis? ¿De quien es colonia la parte colonizada del Brasil? No hay duda de los países que le facilitan su desenvolvimiento económico. No debemos olvidar que antes de la Independencia, el país tuvo una situación muy especial respecto a su metrópoli, un caso único. Portugal no era una gran potencia y el Brasil era demasiado grande. Así, la colonia tenía mayor peso que la metrópoli a partir del siglo XVII. Por eso la independencia se produjo sin sobresaltos, de forma natural. La mayor gloria de Portugal ha sido, sin duda, la formación de la colonia brasileira. La enormidad de los territorios que en la costa oriental de Sudamérica administraba Portugal hacía que la metrópoli representara tan sólo el factor unitario, sobre todo el poder militar capaz de impedir la disgregación. Todo ello no hubiera sido posible, sin embargo, sin la ayuda británica, a quien siempre convino esta situación. Se dio aquí el caso anómalo de que la colonia, en el siglo anterior a la independencia, tenía más potencia económica y más población que la metrópoli, hecho insólito en la historia colonial europea. Es una singularidad que se mantuvo durante siglos. Tras la independencia, nunca Portugal y Brasil han llegado a convertirse en antagónicas. As, entre España y sus antiguas colonias ha tenido que transcurrir un gran espacio de tiempo (casi siglo y medio) para que el antagonismo se diluyera y olvidara. No olvidemos que la independencia de la América de habla española e inglesa se produjo de forma traumática, como resultado de cruentas guerras, en tanto que el Brasil, como el Canadá, se han separado de sus metrópolis pacíficamente. Los antiguos nexos de afinidad y simpatía no se vieron enturbiados por los odios y las violencias del orto de aquellas naciones. Uno de los hechos más interesantes que se están produciendo en los últimos tiempos, en este sentido, es a reconciliación de España con sus antiguas colonias. En cambio las colonias británicas en el Nuevo Mundo -me refiero exclusivamente a los Estados Unidos- y la antigua metrópoli, pasada la época de resentimiento mutuo, se ha pasado a una actitud de rivalidad y alianza. Son dos grandes potencias y la antigua metrópoli no se resigna a reconocer la superioridad de la colonia. Entre España y los países hispanoparlantes de América no hay ya ese resentimiento, ni tampoco puede existir una rivalidad, puesto que ninguna son grandes potencias en el concierto mundial. Pero entre Brasil y Portugal, no sólo no ha habido rivalidad, sino tampoco resentimiento. Esto da a la historia brasileña una particularidad notable. Su origen incruento no es más que una manifestación de su historia estable y equilibrada. Es otro hecho notable que conviene resaltar, porque explica el mantenimiento de la unidad brasileña, a pesar de su enorme extensión y diversidad. Efectivamente, los Estados hispanohablantes tienen un origen bélico, han surgido de una guerra de independencia; el poder militar ha sido siempre determinante. La unidad del enorme territorio brasileño ha sido posible porque el substrato del Estado era la concordia, la estabilidad. Brasil tampoco ha tenido el hándicap que sufre la otra parte de América que se independizó pacíficamente, el Canadá. En Brasil no hay nada parecido.

Todo esto ha sido el pasado y explica la existencia de la unidad brasileña, en contraste con la fragmentación de la América de origen español. De la misma manera que podemos explicarnos la unidad estadounidense por el espíritu pragmático de colaboración que se impone a las cuestiones personales. A pesar de sus rivalidades, Las colonias norteamericanas supieron asociarse entre si, ya que era más lo que les unía que lo que les separaba. Este envidiable espíritu no existe en la América de habla española. Ese pragmatismo no existe allí; en cambio, si en Brasil. Es notable ese espíritu de fragmentación, de cantonalismo que hay en nuestro pueblo, en contraste con el espíritu conciliador y utilitario de otros. Entre nosotros, las cuestiones personales, que difícilmente se someten a un interés de forma voluntaria, son el factor determinante. La nación brasileña ha surgido con otro espíritu; de ahí su gran estabilidad.

Sin embargo, en nuestra época están apareciendo factores nuevos que amenazan con dar al traste con esta situación envidiable. El crecimiento de la población está obligando a las sociedades a transformarse a un ritmo vertiginoso para atender la demanda de estas masas que aparecen en el mercado de trabajo, cuyas necesidades de subsistencia hay que cubrir. De ahí que la estabilidad tradicional brasileña amenaza con transformarse en grave inestabilidad si no se logra resolver este problema. Son sintomáticos los sucesivos gobiernos militares en los últimos decenios y el ascenso de la importancia del factor militar dentro de la sociedad brasileña, no para mantener una unidad que no está amenazada, sino para contener este crecimiento irresistible de la demanda social, a la que no se logra dar satisfacción plena. Este es un problema de muy difícil solución, agravado por la abismal crisis financiara que se padece en la actualidad, que ha terminado con la esperanza de una solución por medio de la industrialización rápida. Es una situación gravísima, que analizaremos más adelante en profundidad, cuya primera consecuencia es la falta de alimentos, el peligro de graves hambrunas que amenazan a esa masa de 130 millos de personas (En 1984), Este es el problema más grave, más perentorio. Es necesario aumentar la capacidad de producción de medios de subsistencia para prevenir una situación gravísima, ahora que todavía es tiempo, y en este sentido ofrecemos esta posibilidad de colonización de este espacio aluvial que tal vez se pueda poner en cultivo.

TERRITORIO:

EL RÍO PARAGUAI

El río Paraguai, cerca de sus fuentes, entra en el vasto Pantanal, cuya altitud es de 107 metros en Porto Esperança, al cruce del ferrocarril. Una vasta región de 300 km. por 400 km. está inundada. La altura de las crecidas normales es de 4 a 5 metros. Las excepcionales llegan a 7 metros e inundan el pantanal entero. La subida de las aguas es regular y tardía; el nivel de las aguas sube con lentitud y permanece relativamente bajo durante los primeros meses de lluvias (noviembre-diciembre). La crecida empieza en diciembre y las aguas suben hasta mayo-junio, un mes o dos después de la estación de las lluvias. Sólo entonces la crecida se propaga rápidamente hacia abajo. Las pistas de las llanuras dejan de ser transitables.

Aquí observamos un fenómeno de estrangulamiento del valle, que provocan las colinas que el ferrocarril aprovecha. Más bajo de ellas, los pantanos siguen a ambos Lados del río, pero menos extensos. Entre la sierra de Bodoquena y el macizo de Corumbé el río queda estrangulado. Esto explica el extraño fenómeno de que hasta que el pantano no se llena, no comienza a fluir para abajo; a su vez, que no se note la crecida hasta algún tiempo después de las lluvias.

*****

EL RÍO ARAGUAIA

El río Tocantins o Pará tiene una longitud de 2.700 km. Su principal afluente, que forma el valle paralelo, es el Araguaia, río nacido en las montañas del Mato Groso. El valle del Araguaia tiene, desde sus fuentes hasta la confluencia del Tocantins, una longitud en línea recta de 1.500 km. La anchura media es de 200 km; por tanto, la extensión de unos 300.000 km2. Las lluvias medias son de 1 a 2 ms, más cerca de ésta cantidad que de la primera. Por tanto, el caudal que aporta debe ser de 3.000 a 4.000 m3/s.

La región que nos interesa es el valle medio del Araguaia, El Bananal, región palustre de unos 500 km de longitud a lo largo del río, cubierta de aluviones en medio de la meseta brasileña, que carece por lo general de suelos ricos y profundos. Aquí se forma un tramo navegable, siendo que el valle del Tocantins apenas sirve de vía de navegación. Al entrar en esta cuenca, el Araguaia se divide en dos brazos, formando un vasto delta interior de 300 km de longitud. Hay un brazo mayor, a occidente, y un brazo menor, unidos a la vez por canalizos. Más abajo, el curso de los dos brazos reunidos cruza numerosos raudales y sólo vuelve a ser navegable en la región de la confluencia con el Tocantins.

La llanura del Araguaia, es de aluviones arenosos y pobres. Aquí, el bosque ribereño no es más que una angosta galería tras la cual la sabana con matorral alterna con bosques de palmeras.

Pero esto se refiere a la parte alta de la llanura, hacia los 13 y 14 de latitud. Al E. de esta zona se extiende una de las mayores masas forestales, al N. de Goias, en las montañas que separan la cuenca del Araguaia de las del alto Tocantins.

*****

EL ALTO XINGÚ

El Xingú y el Araguaia atraviesan regiones que forman coberteras sedimentarias en escudos arcaicos, semejantes a los llanos de Mojos, y la cuenca del Río de la Plata en su conjunto. Ahora bien, estos sedimentos, ¿qué valor tienen en realidad? El Sáhara, Arabia, Rusia, Siberia Oriental, están cubiertos de este tipo de formaciones. Esto no significa que sean aluviones fértiles.

En el alto Xingú hay una región pantanosa, semejante a la del Araguaia, provocada, sin duda por los raudales que interrumpen su curso más abajo. Este río desemboca en el Amazonas en el punto en el que el gran río inicia su delta. Su tramo navegable no llega a 200 km, (180 km), cuando su curso total es de 1.980 km. A lo largo del cauce pueden contarse en el mapa no menos de 8 raudales.

Los cuatro enclaves del Madeira, Paraguai, Xingú y Araguaia son contiguos, formando una especie de franja continua desde el Beni al Araguaia: 2.000 km, 100.000 km2 en los llanos de Moxos; 100.000 en el alto Paraguai; 50.000 en el Araguaia; en total, 300.000 km2, 30 millones de hectáreas.

Una cosa que intriga es la clase de terreno que hay en la región del Paraná, entre este río y el Mato Grosso, hoy casi deshabitado. Es evidente que la cantidad de tierra laborable es reducida en Brasil. En este territorio la vegetación es la sabana tropical. La verdad es que los campesinos brasileños han buscado afanosamente nuevas tierras para colonizar a lo largo y ancho de su país.

*****

EL MATO GROSSO

El 1977 fue segregado del Estado del Mato Grosso el de Mato Grosso do Sul. Este tiene 350.000 km2 y 1,5 Mhb (1984), con capital en Campo Grande (150), ciudad en el ferrocarril de Bolivia, a medio camino entre los ríos Paraguai y Paraná. Lo que resta del Mato Grosso tiene 880.000 km2 y 1 Mhb (1984) tan sólo, de los que 0,8 viven la capital, Cuiabá, en la parte septentrional de los pantanos. En el resto de ese enorme territorio sólo viven 200.000 personas. El crecimiento urbano de Cuiabá, si son creíbles los datos, resulta increíble.

En 1970 tenía 105.000 habitantes, en 1975, 765.000; este último dato, es, pues el de 1975. La afluencia de capitales ha debido convertir esta ciudad en el centro de una explotación industrial del territorio. No es extraño, pues éste comprende los pantanos del Paraguai, al Sur, y las selvas hasta el paralelo 10, al N. DE ahí el nombre de Bosque Grande. Una estrecha franja de montañas bajas entre los pantanos y la selva.

La lluvias caen durante el verano austral, entre octubre y abril. La estación seca es bastante acusada, entre mayo y septiembre. En Cuiabá las precipitaciones son nulas entre junio y agosto. Hay una radiación intensa durante la noche en la estación seca (invierno austral) y la temperatura desciende a 2 grados; las oscilaciones diarias llegan a 24 grados.

Una gran parte de la meseta está cubierta por plataformas de areniscas levemente inclinadas, llamadas "chapadas", que se interrumpen a trechos, dejando asomar el zócalo de rocas cristalinas. Los frentes de las mesetas de areniscas forman alineaciones de altos acantilados rocosos, procedidos de elevaciones aisladas, fragmentos separados de aquellas por la erosión.

Por debajo del nivel de las chapadas se forman cuencas de recepción circulares. Donde abunda el agua y la tierra laborable; allí se instalan las haciendas y las ciudades.

Sobre la cuenca alta del Paraguai el frene de meseta está marcado por un enorme escarpe de 200 a 400 metros, en el que las areniscas rojas se asocian a los basaltos; se halla orientado al N., desde Aquidauana hasta el N. de Cuiabá (unos 700 km); luego tuerce al O. por la Serra dos Parecis hasta el Madeira.

El Xingú forma, entre los 13 y 10 ° S, antes de abandonar la zona de areniscas, un tramo tranquilo, describiendo meandros en una llanura cubierta de aluviones arenosos, entre ribazos de 2 a 8 metros, por encima de los cuales se extienden las aguas de las grandes crecidas.

Es un clima de sabana tropical. En verano domina absolutamente la masa de aire ecuatorial, cargado de humedad, con cielo cubierto constantemente de grandes cúmulos, que originan frecuentes lluvias. Cuando, en pleno verano, llegan masas de aire meridionales, ocurren fuertes lluvias e inundaciones. Las lluvias medias son de 1.800 mm, de los que caen en verano entre 1.600 y 1.700.

En invierno penetran masas de aire procedente del Atlántico Sur, vientos ligeros y estables, con poca nubosidad; el cielo está casi siempre despejado. A veces penetra aire fresco. La diferencia entre la temperatura nocturna y la diurna puede llegar a 30º, aunque durante el día siempre hace calor.

Predomina lo que por allí se llama "campo cerrado", pastizal de gramíneas duras y espaciadas, salpicado de árboles. El suelo es más pobre aún que el de la "mata", pues la cantidad de material orgánico es casi nula, del 1 al 1´5%. Esto es la chapada.

En los valles el campo cerrado es reemplazado por el bosque, sobre todo en las márgenes de los ríos, con caracteres análogos al bosque amazónico. En las fuentes de los ríos estos bosques desaparecen.

En las pendientes de las cabeceras predomina el "campo limpio", pastizal sin árboles.

Entre los 13 y 14 º, la llanura del Araguaia está cubierta de aluviones arenosos y pobres.

*****

CONSIDERACIONES:

El problema que estamos intentando resolver es la posibilidad de sustituir la vegetación selvática por vegetación de plantas cultivadas, por plantaciones. Se ha hecho en Asia del Sureste -Malasia, Java, Sumatra. En estos países llueve todo el año, la estación seca apenas llega a notarse. En la Amazonía el clima es constante y húmedo. El problema es, como digo, substituir esa vegetación natural por otra cultivada. En tal situación, todo depende de la fertilidad del suelo. La selva se sostiene a sí misma, pues la extremada abundancia de lluvias sostiene una vegetación, que crece deprisa, y los restos de esta vegetación mantienen la riqueza del suelo. Es decir, el abonado espontáneo se produce por la caída al suelo de ramas, hojas, troncos de árboles y arbustos. Su descomposición proporciona al suelo el humus. Y esto se produce aunque apenas haya cubierta mineral, tierra. Sobre la roca viva crece el bosque, siempre que exista un mínimo de roca descompuesta en que las raíces puedan prender. Su crecimiento está promovido por la descomposición del propio bosque. Es un ciclo cerrado y, por eso, cuando se tala el bosque, ya no puede renovarse. Romper ese equilibrio puede ser cosa peligrosa, porque es difícil que vuelva a rehacerse. Esto ocurre, en general, en todos los bosques, no sólo en los ecuatoriales. Los bosques dan una impresión engañosa de exuberancia y fertilidad. Su riqueza vegetal ha sido conseguida al paso de mucho tiempo, tras una evolución interna en la que la fertilidad ha ido creciendo. Si se destruye el bosque, cuya evolución ha durado muchísimas generaciones sucesivas de árboles, se inicia un ciclo en sentido inverso. Pr eso es preciso tener en cuenta que la sustitución del bosque por la plantación produce una transformación irremediable. Los grandes bosques han sido creados por la Naturaleza en el curso de miles de años y su destrucción parcial sólo debe realizarse cuando es realmente necesario, porque es irreversible. Hecha esta salvedad, volvamos a la posibilidad de poner en cultivo unas regiones que son mucho menos fértiles de lo que parece a primera vista. Nos dejamos deslumbrar por la riqueza lujuriante de la floresta con árboles de 50 y 60 metros, con varios pisos de vegetación. El bosque es como un invernadero; talar los árboles es como abrir agujeros en él: el ecosistema se destruye. Por eso sólo deben intentarse si es realmente posible y necesario.

En la Amazonía el problema está en intentar aprovechar las tierras firmes, fuera de las inundaciones, que son las que se pueden aprovechar sin riesgos y sin labores previas de acondicionamiento. Pero, en realidad, ¿cuál es el suelo de estas tierras? Las exploraciones poco han avanzado en este sentido. Sin embargo, lo que sí es evidente es que los aluviones terciarios son lo que predominan en la Amazonía. La enorme masa de aguas ha producido la formación de cauces de gran fuerza, que permanecen extraños al resto, y sólo en sus riberas hallamos aluviones cuaternarios.

El valle del Ganges tiene condiciones parecidas. La llanura entre el Himalaya y el macizo arcaico de Gonwana fue rellenada, de la misma forma que la llanura entre los Andes y el macizo guayano-brasileño. Sin embargo, ¿cuáles son las diferencias? Porque, en resumen, lo que sucede es que geológicamente la selva ha sido muy poco explorada, al menos en el momento (1960) ya que ésta resultaba un obstáculo infranqueable.

*****

1984

ESTUDIO DETALLADO

ALTO PARAGUAI

Y

PANTANAL DEL ARAGUAIA

JUAN SANZ SANZ

UNO

Se puede vaciar un territorio de dos formas: ahondando los niveles o ensanchando los cauces, o una acción de ambas. No sería necesario ahondar tanto el cauce del Paraguai si su cauce fuera ampliado, dando mayor facilidad a la salida de la inundación anual. El desnivel en los pantanos es ciertamente muy pequeño, pero la salida de las aguas está contenida por algunos obstáculos naturales, y esta suele ser una causa determinante. En el caso del Alto Paraguai es el estrangulamiento que padece el cauce entre la Sierra Bodoquena y el macizo de Corumbá.

La altitud del "Pantanal", -como así se denomina a este territorio-, es de tan sólo 107 metros, según las medidas tomadas durante la construcción del ferrocarril del Noroeste, de Sao Paulo a Bolivia. Por tanto, una altura muy baja. Si hemos de hacer caso del mapa, el nivel de los 100 metros sobre el nivel del mar se encuentra 150 km al N. de Asunción y 500 km al S. de estos estrangulamientos. Si es posible o no, es algo que no puedo determinar. Una cosa, sin embargo, está bastante clara: las aguas no se quedarían aquí durante la mayor parte de la estación lluviosa si tuvieran una salida natural y esta es la labor que la industria humana debiera ejecutar. La causa del Pantanal no es otra que ese estrechamiento del cauce, que forma una represa natural. Basta con anularlo para que las aguas tengan una salida.

DOS

El caso del Alto Paraguai es uno de los ejemplos más notables de embalsamientos naturales del agua de grandes ríos a causa de la falta de desnivel y la falta de salida. Sin embargo, no es sólo la falta de desnivel general, sino local lo que importa. En África, cuya parte litoral está levantada por viejas montañas, este fenómeno se produce con relativa frecuencia, Así, el Nilo en las marismas del Sedd; el Congo, en los pantanos arriba de Kinshasa; el Níger en el Macina o el Zambeze en los pantanos de los Barotse, son ejemplos notables. Aquí la causa del estrechamiento del cauce, que contiene las aguas inundadas arriba de los raudales, acabando por producir, al cabo de las edades, una llanura plana y fangosa. En otros, casos es la falta de desnivel. Así es en el caudaloso Yangzi, a pesar de que no hay obstrucciones en su cauce. Recordemos que Yichang se encuentra a tan sólo 40 ms sobre el mar, y a una distancia de 1.800 km de la desembocadura. Basta con que más debajo de Wuhan se estreche algo el cauce para que el río no sea capaz de dar salida a la inundación general. El agua se deposita y los sedimentos van elevando paulatinamente el nivel de la planicie acuática. Así encontramos los grandes pantanos de la región de curso medio del río. La fuerza de la inundación monzónica, la falta de desnivel, el angostamiento del cauce un poco más abajo y la elevación de la llanura a causa de la sedimentación son causas suficientes para que se produzca este fenómeno. Lo mismo podemos decir del Menam, el río de Tailandia, cuyo angostamiento en la región dl curso medio es la causa de que la parte septentrional de la llanura sea un pantano impracticable. De igual forma, los grandes pantanos de Siberia occidental son debidos a la falta de desnivel de la llanura. El caso del Alto Paraguai es uno de los más notables, puesto que se producen a gran distancia de la desembocadura. Es, tal vez, la región de pantanos permanentes situada a más distancia del mar.

TRES

La llanura del Alto Paraguai forma como un golfo marino entre macizos antiguos que ha sido colmatado a lo largo de las edades. Al Norte, la Serra dos Parecis; al E, la meseta del Mato Grosso; al O, el macizo bajo de los llanos de Chiquitos. Estas dos últimas tienden a unirse y forman el angostamiento de la región de Corumbá. Estas montañas, generalmente de poca elevación, caen, sin embargo, a pico sobre la llanura, en escalones sucesivos, formando verdaderos acantilados, sobre todo el de la parte oriental. Una línea casi continua de cantiles sigue la llanura durante cientos de kilómetros, sólo interrumpida por las brechas que abren los ríos al desembocar en ella.

Ahora bien, el problema que se plantea es el siguiente; si los sedimentos depositados en la planicie proceden de montañas de alrededor y estas son generalmente areniscas, ¿qué tipo de aluviones se han formado allí?

Carezco de los conocimientos elementales para saberlo. Felices los especialistas, que parecen saberlo todo y cuyo saber les sirve para tan poco. Pero aquí crecen grandes hierbas, hay abundante ganado. Los aluviones tienen que ser fértiles.

CUATRO

Hace falta preguntarse también porqué una cosa tan sencilla no ha sido realizada hasta ahora. Recientemente se ha convertido esta región en reserva natural. Con ello, no se puede desarrollar allí ninguna actividad económica. Lógicamente, estas decisiones no pueden ser definitivas, pero tienen, en cambio, bastante significación. Indican que el gobierno brasileño no tiene sobre este territorio ningún proyecto agrícola e industrial. Eso quiere decir dos cosas: o que no se les ha ocurrido esta posibilidad -el drenaje y puesta en cultivo- o que, una vez examinada, no es posible ponerla en práctica. Es poco verosímil que el inquieto espíritu brasileiro no haya fijado la atención en estas tierras potencialmente cultivables.

Brasil es un país "gigantesco", "inmenso" -todos los apelativos se le han aplicado-, pero carece de extensos espacios agrícolas. Su vecina Argentina los tiene casi en exceso. En Brasil sólo una pequeña parte del territorio es cultivable y por eso un enclave como éste, de 80.000 km2, tiene un valor excepcional. Las grandes llanuras amazónicas están formadas por aluviones antiguos de gravas y areniscas y su cultivo es difícil. En la meseta, las montañas dejan pocos espacios extensos a los que puedan aplicarse los tractores.

Por eso, siendo evidente la existencia de ese gran territorio aluvial y teniendo aquel país, con sus 130 millones de bocas que alimentar (1984), tanta necesidad de él, no deja de ser extraño que, o no se ha planteado esta posibilidad o ha sido desechada, ya que su transformación en reserva natural lo demuestra. En tal caso, hemos de pensar en dos posibilidades: o el proyecto tiene inconvenientes técnicos insalvables o, sencillamente, no se les ha ocurrido. Sin embargo, esta segunda posibilidad parece, a primera vista, más remota. Es inverosímil que habiendo una gran ciudad como Cuiabá en sus orillas, se haya sido tan ciego.

Sin embargo, no podemos perder de vista un hecho. Por un lado, el río Paraguai, nada más salir de los pantanos, entra en territorio extranjero. Hay dos rutas que lo bordean: por el Norte, la carretera que desde la costa llega al corazón del Mato Grosso; por el Sur, el ferrocarril del Noroeste. Dentro del Pantanal no hay carreteras, ni ferrocarriles, ni ciudades o aldeas. Es un gran desierto, una mancha, un obstáculo a evitar por los viajeros, salvo los ornitólogos. Es algo que no debemos perder de vista. Pero hay algo más importante todavía: la propia magnitud del proyecto. Los trabajos de drenaje serían algo colosal y hasta épocas recientes impracticable. No debemos olvidar que nos encontramos en una nueva situación tecnológica. La ingeniería actual dispone de medios mucho más potentes que la de generaciones inmediatas. La capacidad de tracción, de arrastre, de máquinas e instrumentos se ha multiplicado. En un lugar no muy lejano a aquel se ha construido el gigantesco embalse de Itapu, pero es sólo un dique. Tal vez la mentalidad actual no se haya adaptado todavía a la acción de estos instrumentos, aunque ya llevan algunos mucho tiempo en funcionamiento.

Pr otro lado, no debeos olvidar que la mentalidad brasileña ha cambiado en los últimos tiempos. Antes estaba orientada hacia la frontera interior, a la conquista de los grandes espacios desiertos, selváticos, que prometían riquezas de muy dudosa extracción. Ahora Brasil es un país atribulado por múltiples problemas. Su preocupación y su acción se centra en las grandes ciudades, en las regiones densamente pobladas de la costa. Es aquí donde están los problemas inmediatos y, tal vez, cegados por ello, los brasileños actuales no se dan cuenta de que frecuentemente las soluciones surgen de la manera más inesperada. Porque nos encontramos ante el eterno problema del círculo vicioso y éste sólo puede romperse introduciendo en él nuevos elementos. Si el drenaje de esta vasta región vacía es posible, los muchos millones de hectáreas de tierra cultivable que contiene podría ser un factor decisivo para romperlo.

CINCO

"La altura de las crecidas normales es de 4 a 5 metros en Corumbá. Las excepcionales alcanzan 7 metros y anegan el pantanal entero. La subida de las aguas es notablemente regular y tardía. Durante todo el tiempo en el que el agua puede seguir extendiéndose, su nivel se eleva con lentitud. Las aguas siguen bajas durante los primeros meses de lluvias (noviembre-diciembre). La crecida comienza en diciembre y las aguas suben hasta mayo o junio, uno o dos meses después del fin de la estación de las lluvias. Solamente entonces dejan de ser transitables durante la crecida".

"En la zona baja con los pastizales inundados alternan manchas de bosque pobre. En las depresiones ocupadas por bañados se forman praderas flotantes llamadas "camalotes". Los bosques galería siguen los cursos fluviales sólo en la parte superior."

"En el Pantanal, los pastizales naturales, de excelente calidad, alimentan una media de 3.000 reses por legua cuadrada durante el periodo de estiaje. La dificultad de criar caballos en estas tierras humedad dificulta el mantenimiento de las "fazendas". Los ganaderos fundaron las primeras villas en las riberas del pantano y lo han ocupado en parte, a pesar del peligro que para los rebaños significan las inundaciones."

"En siglos pasados, el oro y los diamantes de las montañas que bordean por el N. el Pantanal era llevado a la costa a través de él, al Taquari, que allí desemboca, al Pardo, afluente del Paraná, el Tieté y Sao Paulo. Hasta 1736 no se abrió el camino terrestre de Goiás, recorrido por caravanas de mulas. El primer viaje por el Guaporé-Mamoré-Madeira al Pará data de 1742. Pero pronto sería el Tapajoz quien absorbería la mayor parte del tráfico del Mato Grosso. La sal era el principal producto importado. A mediados del siglo XIX el Paraguay fue abierto a la navegación internacional, tras sangrientas guerras. Finalmente, a mediados de este siglo se construyó el ferrocarril del Noroeste, que llega a Bolivia, pero sólo sirve a la parte meridional del Pantanal, no al Mato Grosso propiamente dicho."

Haría falta que el ferrocarril que llega desde la costa a Brasilia y Goiania, se prolongara a Cuiabá.

Da la impresión, sin embargo, que este ferrocarril no penetras más al interior porque la navegación fluvial a lo largo del Paraguai es suficiente a sus necesidades. El problema es si, una vez desecados los pantanos, esta vía fluvial se mantendría. Si no fuera así, habría que prolongar aquellas redes ferroviarias, de transporte más rápido aunque más caro.

SEIS

Aquí nos encontramos con la eterna cuestión. No podemos determinar la viabilidad del proyecto por falta de datos precisos y conocimientos específicos. Pero hay algo más importante que todo eso: su necesidad. Si este proyecto no existiera, habría que inventarlo. No se trata de una colonización al estilo de tiempos pasados, con el fin de desarrollar los recursos de un territorio o crear un dispositivo de agricultura comercializada. La agricultura en estos tiempos que corren *(1984)*, ante el crecimiento desmesurado de la población, tiene finalidades más perentorias: la supervivencia de la población y, por reflejo, la del Estado. Las riquezas del Brasil son, más bien, un espejismo, un adorno: el oro, los diamantes, las plantas tintóreas que le dieron nombre, las especias. Bajo eso hay una masa de 130 millones *(En 1984)* que luchan arduamente con unos recursos naturales bastante dudosos. Un país montañoso, en unas regiones, selvático en otras. Abrir caminos, edificar ciudades, roturar campos, obtener fuentes de energía, todo se hace con gran esfuerzo, venciendo dificultades naturales muy considerables. Las masas brasileñas se apiñan afanosamente en grandes urbes, huyen del inhóspito campo, a pesar de que no es tierra precisamente lo que falta. No es una emigración causada por el exceso de población de los territorios rurales, incapaces de alimentarla -esto sólo ocurre en el Sertao-, sino la propia dificultad de sacarle provecho al suelo, la falta de suelo agrícola propiamente dicho. La parte poblada de Brasil es un territorio de montañas antiguas, cubiertas en buena parte de selva, abrupto, fragmentado, de suelo raramente rico. La vegetación crea una falsa apariencia de fertilidad.

Pero bien sabemos que el bosque tropical es una creación de si mismo, independiente de la calidad del suelo en que está arraigado. Es como un invernadero en el que la vegetación se mantiene a sí misma artificialmente por medio de la humedad y los desechos de las hojas. Es una obra de milenios y al talarse, nunca vuelve a ser como antes. Este equilibrio es roto mediante las roturaciones en la selva y entonces se pone de manifiesto la dura realidad: el suelo que la sostiene raramente es óptimo para la agricultura. Este es el drama del Brasil.

Un país inmenso -17 veces mayor que España-, cuya exuberancia crea el espejismo de una fecundidad inexistente. Pero la población sobrevive en limitados espacios, arrancando al suelo recursos que no son precisamente los que prometían su inmensidad y su brillantez.

Esta es la realidad del Brasil. Ha de sostener una población enorme con unos recursos nada excepcionales. Estas cosas deben tenerse presentes. Porque no deben ser los brasileiros los primeros engañados por esta paradoja. Deben tener clara la conciencia de su realidad. En 1979, la agricultura sólo proporcionaba el 11% de la renta, mientras la industria el 38% y los servicios el 51%.

Hoy el Brasil *(1984)* es un país que vive de su industria, con una gran población que sostener. Es precisamente este desarrollo industrial el medio por el que se ha logrado sobrellevar el problema de su crecimiento de población. Sin embargo, este desarrollo industrial ha llegado a su límite, ha tocado el techo, y este es un aspecto de la cuestión que es preciso aclarar.

SIETE

La deuda estatal y privada del Brasil con el exterior es de 100.000 Mdl, equivalente a 1/3 de su producto anual *(1984)*.

En una época de crecimiento económico grande, este país podía hacer frente a sus necesidades crecientes, aunque fuera de manera precaria. Pero ha bastado la recesión de los últimos años para que su situación financiera haya entrado en bancarrota. Esto nos da una idea de la precariedad de esta situación. Este país, que se encontraba desarrollando una fuerte industrialización, ha sufrido fuertemente el impacto de la crisis y no la ha podido soportar. Porque ese crecimiento económico era forzado, en cierto modo artificial, en el que había que combinar, de un lado, el afán de grandes beneficios de los grupos financieros y, de otro, la necesidad de satisfacer demandas sociales cada vez más grandes. Sin embargo, no hay más remedio que ir por uno o por otro camino; no se pueden llevar los dos a la vez. Y dudando entre estas dos posibilidades ha sido cogido de lleno por la marejada de la recesión económica mundial, concretamente por la recesión industrial. La producción industrial mundial se encuentra estancada desde hace algunos años. Pero Brasil necesita producir más, vender más, para crear puestos de trabajo y sostener su población creciente. Cada año debería generar un millón de nuevos puestos de trabajo. Esto debería proporcionarlo la actividad industrial, las ciudades. Pero el mercado mundial se encuentra saturado y no es posible seguir creciendo a fuerte ritmo como antaño. En conclusión, la economía urbana no puede resolver completamente el problema y es preciso buscar otras soluciones.

OCHO

Es evidente que el agua del río San Francisco podría ser desviada hacia la costa de Recife y Natal, proporcionando a esta región lluviosa durante medio año un aporte de agua durante la estación seca. Es un proyecto más limitado, pero de gran transcendencia para esta región superpoblada, en la que la sequía ha producido grandes estragos. Esta región está cubierta de cultivos de caña de azúcar. Una franja de 50 km de anchura y 600 km de longitud entre la desembocadura del San Francisco y el Cabo de San Roque; por tanto, su extensión es de 30.000 km2.

Parece también absurdo que no se haya abordado una solución tan sencilla, porque el caudal del San Francisco es de 2.800 m3 por término medio; sólo habría que retener sus aguas de la estación lluviosa a la seca y aprovecharlas en esa llanura ahora cultivada para obtener en ella una segunda cosecha.

Ningún obstáculo litoral interrumpiría este canal. Al pie de la cascada de Paulo Alfonso (80 metros), la altura es superior a 100 metros sobre el nivel del mar y desde aquí se domina el conjunto de esta llanura litoral muy baja.

Este sería un proyecto complementario. Sólo habría que construir un estanque de retención arriba de las cascadas y un canal de 700 km debajo de ellas. Siendo la cosa tan palmaria y evidente, renace mi desconfianza: ¿por qué no se ha hecho?

"La lluvias son abundantes en la faja litoral, con totales superiores a 2 ms, disminuyendo hacia el interior. Se distribuyen principalmente de verano a otoño, mientras que la estación seca se extiende de julio a diciembre, con un mínimo en septiembre u octubre. En el interior hallamos una región cada vez más árida y e lluvias más árida y de lluvias más irregulares. Las lluvias se concentran siempre en una estación (invierno), que alterna con la seca (verao o estiagem). Pero el llamado invierno no cae por doquier en loas mismos meses. Recife recibe el 58% de las lluvias en los cuatro meses de abril a julio; Fortaleza, el 82; en los cinco de febrero a junio. Así cabe distinguir tres regímenes de lluvias: de otoño en la costa N, de invierno en la oriental y de verano en el interior. Estas diferencias se explican por el régimen de vientos en la región inmediata del Atlántico. La proximidad de zonas climáticas diferentes, cuyos límites se desplazan caprichosamente de un lado a otro, provoca una extrema irregularidad de las lluvias. Esta irregularidad es un mal más grave que la cantidad de lluvia, relativamente abundante. Frecuentemente de un año a otro las lluvias son el doble o la mitad. En Rio Grande del Norte (Natal) las lluvias en 1915 sólo fueron 1/3 ó 1/5 de las de 1914. En el interior, frecuentemente aparecen en forma de trombas locales, sin efecto general, mientras alrededor la sequía hace estragos."

"En la zona costera, hoy casi completamente roturada, se extendía originariamente el bosque húmedo. De este bosque procedía el palo Brasil. Los bosques se extendían en raros puntos a más de 50 km de la costa y tampoco formaban una masa absolutamente continua. El interior de la meseta está cubierto de bosque xerófito (adaptado a la sequía)."

"El límite común de la vegetación forestal y de los suelos profundos de descomposición corre una distancia de 50 a 75 km de la costa; más allá empieza la región ganadera."

La desviación de las aguas del San Francisco a la llanura litoral, tanto hacia el Norte (hasta el cabo San Roque) como hacia el S (hasta la bahía de Bahía) es algo sencillo y perfectamente factible. Hay que retener las aguas en la parte superior

Y distribuirlas por canales en la llanura costera. Eso es todo.

NUEVE

El río Paraguai tiene sus fuentes a unos 500 ms de altitud y a pocos km de ellas la villa de Diamantino está a sólo 300 ms de altura. Unos 250 km más abajo y al comienzo del Pantanal, la villa de San Luis de Cáceres se encuentra a unos 130 ms de altitud, que se convierten en 107 a la salida de él, al cruce del ferrocarril del Noroeste. Entre Corumbá y Buenos Aires la horizontalidad del cauce es extraña, igual entre Corrientes (donde se unen Paraná y Paraguay) y Corumba que entre Corrientes y Buenos Aires. La horizontalidad es un dato importante a tener en cuenta, pero la amplitud del cauce puede ser un factor determinante para contener la inundación y darle salida. Los 107 ms de Corumbá son el dato esencial.

Realmente, con eso entramos en un problema mucho más general y complejo: la regularización de la red del Plata. El Misisipi está canalizado, y también los ríos de la China y de Europa. En cambio, los de la gigantesca red platense discurren a su albedrío por las planas riberas. Una obra que, andando el tiempo, habrá de acometerse por fuerza es la de encerrar aquellos ríos dentro de cauces artificiales, que limiten la inundación y den salida rápida a las aguas. En el caso del río Paraguay, de Diamantino o Corrientes hay una distancia de 2.500 km. La altura de la ciudad de Corrientes es de 7 ms, pero ésta se encuentra a cierta distancia del río y por encima de sus crecidas. Resisrencia, capital de la provincia argentina del Chaco, y también en la confluencia de los dos grandes ríos, se encuentra a tan sólo 52 ms. Así, pues, si estos datos son exactos, el río Paraguai desciende en los 1.500 km que hay entre la salida del Pantanal y la desembocadura del Paraná 55 ms, es decir, 1 m./30 km., prácticamente horizontal.

El Paraguay tiene una anchura media de 350 ms: de curso lento con largas sinuosidades. Sube muchos metros durante las crecidas; poco más arriba de la desembocadura se han medido 6 ms por término medio. Entonces se extiende por las llanuras inmediatas. Asunción se encuentra sobre una terraza que domina desde 5 ms el río; pueden llegar hasta allí los buques de 2,5 ms de calado. Asunción tiene también una importancia excepcional, desde el punto de vista de la circulación fluvial, pues su emplazamiento no es casual: las colinas alcanzan el río den este punto exclusivamente y forman un estrechamiento, llamado Angostura, en el que el río sólo tiene 80 ms de amplitud. Es un punto de gran importancia para este proyecto, pues el cauce debe ser ampliado para evitar el rebalsamiento de las aguas más arriba.

DIEZ

Ya que nos estamos ocupando de los problemas del Brasil en general, hemos de plantearnos el problema de la agricultura de secano en el interior; es decir, e las cosechas que podrían obtenerse de las lluvias si los suelos lo permitieran. Si en la región de Sao Paulo -cuenca alta del Paraná- es posible, ¿por qué no lo es en una serie de valles altos: San Francisco, especialmente?

El río San Francisco tiene un tramo central casi llano de 1.300 km, en los que sólo desciende 100 ms Aquí forma una llanura aluvial que llega a tener 20 km de anchura, que se inunda con las crecidas; está cubierta de lagunas y recorrida de canalizos. Es decir, exactamente igual que el Araguaia y el Tocantins, aunque éstos discurren más bajos. También el San Francisco es un río que necesita ser drenado en la región de la bajada a la costa. En Pirapora, que se encuentra donde cruza el ferrocarril a Brasilia, está a 472 m. mientras que en Juazeiro, a una distancia de 1.300 km, está a 373 ms. En Jatobá, aguas arriba de las cascadas, está a 298. Aquí el descenso no puede ser más acusado, porque en el tramo de 130 km de los raudales , desciende 280 m, de manera que en el Piranhas, que está a 240 km del mar, está tan sólo a 18 metros sobre el mar. Esto si que es un problema, porque es una altura excesivamente baja para ser origen de un canal de distribución por la costa; haría falta construir un estanque que elevara el nivel del río. La crecida se produce tardíamente, al final de la estación lluviosa (de febrero a abril); el nivel desciende rápidamente. La alimentación en su curso medio es bastante pobre.

Por otro lado, el gigantesco Amazonas discurre por una llanura horizontal, pero encajonado dentro de ella en profundas barrancas que lo aíslan de ella, de forma que no tiene oportunidad de depositar sus aluviones en parte alguna, salvo en sus orillas, los cuales son arrastrados hacia el exterior. Sólo en las grandes áreas de inundación anual pueden depositarse aluviones, pero en el río más grande, con mucho, del mundo, apenas los hay; y sobre la costa tampoco parece avanzar. Es un fenómeno realmente extraordinario, porque la capacidad de aluvionamiento de los ríos en sus desembocaduras es síntoma inequívoco de la fertilidad de sus tierras. Ríos de escaso caudal, como el Amarillo, ha logrado colmar en épocas recientes enormes espacios. Este es un problema muy interesante

El Amazonas arrastra arenas gruesas hasta en el estuario. El Orinoco tiene una configuración parecida y ha logrado formar un gran delta. En la desembocadura los aluviones no se depositan, sino que son arrastrados por las corrientes marinas hacia el N0, depositándose en el litoral de Guayana, entre el Araguari y el Oyapoc. La falta de grandes deltas en la costa sudamericana, exceptuando la del Orinoco, es debida a la acción marina. En primer lugar, la profundidad de la costa atlántica. Por otra parte, sus enormes crecidas, que llegan a 30 ms por encima del nivel normal.

Por otro lado, la acción de las mareas, que se deja sentir hasta Obidos, más arriba de las desembocaduras del Tapajoz y el Xingú. En el estuario de Pará la marea es de 3ms y la crecida apenas se nota. La amplitud de las mareas de sicigia (febrero-abril) es de 3,5 a 4 ms. Las mareas son muy irregulares y violentas. La velocidad de estas olas sucesivas de marea puede llegar a 20 km/h; penetran por los litorales cubiertos de manglares y por los estuarios de los ríos, donde producen la pororoca. La enorme masa del río lucha contra la marea, que la obliga a retroceder; la ola de marea avanza río arriba, fragmentándose por canales y estuarios en olas de 4 ms de altura con un estruendo que se oye a gran distancia. La ola de marea avanza río arriba a una velocidad de 10 a 20 km/h. El material que arranca la pororoca es arrastrado por las corrientes marinas y lanzado al Océano. Aguas arriba, el Amazonas, es siempre un río impetuoso debido al peso de su enorme masa de agua, Así encontramos, pues, que la tarea de aluvionamiento del Amazonas es mínima, ¿Cómo podría corregirse? Sólo de una forma: deteniendo su curso. Precisamente en el angostamiento de Obidos el cauce principal se estrecha a 1,8 km. Pero,

¿se puede dominar realmente esta fuerza impetuosa que es mar más que río? Sus tierras son un desierto, como en el Sáhara, pero cubierto de agua y plantas. Parece que su destino es ser el pulmón de la Tierra. Para otra cosa no tiene utilidad.

ONCE

El caso del Brasil es otro fenómeno desarrollismo parecido al de la India, en el que se combinan intereses mercantiles y estatales, tratando de mantener un equilibrio entre las necesidades sociales, las estatales -un Estado fuerte- y las mercantilistas. Pero ha habido un elemento que ha trastocado notablemente la situación financiera: la demanda de capitales para financiar el déficit estatal norteamericano. Esto ha ocurrido en los últimos años y de ello, lógicamente no se debe hablar. Brasil ha tenido que combinar durante varios años la necesidad de satisfacer el afán de altos beneficios de los inversores, las demandas de una población superabundante *(1984)* y las de un Estado que necesitaba hacerse fuerte. Brasil se ha convertido en una potencia militar considerable, la más fuerte de Sudamérica.

Los Estados (unos 24) tiene una gran autonomía administrativa, pero los gastos federales se reducen a algunas materias. Pero no al sistema federal máximo, en que al Estado central sólo le corresponden los gastos militares y la dirección de la política exterior. El federalismo brasileño es bastante más moderado, limitado. Pero sobre este asunto no tengo detalles. Brasil es demasiado grande y heterogéneo. En cualquier momento y a gran distancia, podría estallar un conflicto que pusiera en jaque la supervivencia del Estado.

DOCE

Con respecto al desagüe del río Paraguai, es evidente que el único problema serio consiste en dar salida a las aguas, mediante la ampliación de los cauces, más que su ahondamiento. Fijar y ampliar los cauces principales para dar salida al agua, simplemente. Ese es todo el problema: ampliar los cauces, despejarlos, dar salida a la crecida. Con este simple expediente se logrará evitar la inundación anual de un territorio de 80.000 km2, 8 Mhas.

¿Qué se puede obtener con eso? La capacidad alimentaria de un territorio cultivado intensamente es muy grande. Varía entre 200 Hb/km2 y más de 500. Pongamos entre un mínimo de 200 y un máximo de 600. Como esta región tiene una prolongada estación seca, sólo daría, en principio, una cosecha, pudiendo mantener unos 200 hb/km2, que multiplicado por 80.000 dan una capacidad alimentaria para 16 millones de personas. Esto parece insuficiente para la demanda alimentaria de Brasil. Peo no es éste el cálculo, no es el apropiado. Con 8 millones de hectáreas, si se cultivaran enteramente de maíz, a un rendimiento de 3 tn por hectárea, la producción sería de 24 Mtn. Si se cultivaran de arroz, cosa mucho más interesante, a un rendimiento de

4 tn/ha, se obtendrían 30 Mtn de este cereal. En España los arrozales dan 6 tn/ha y esta región produciría nada menos que 48 Mtn. Una cifra muy respetable. La propuesta debe ser, pues, convertir el Pantanal en un enorme arrozal, capa z de producir entre 30 y 50 Mtn de alimentos de consumo básico, Esto bastaría para asegurar una ración diaria de este producto de entre 200 y 400 gramos a toda la población brasileña. Es un cálculo teórico pero nos permite representarnos lo que significa para aquel país. 100 gramos de arroz tienen 350 calorías. Por tanto, abastecería de entre 700 y 1.400 calorías diarias a toda la población

brasileña actual *(1984),* que es entre 1/3,5 y 1/2 de lo que es imprescindible para la supervivencia. Esto con el cultivo intensivo de un territorio que sólo representa el 1/108 % del total brasileño. Es decir, cultivando de esta forma la centésima parte del territorio, se aseguraría entre la tercera parte y la mitas de las necesidades alimentarias brasileñas y prácticamente el total de consumo de cereales. ¿Vale la pena intentarlo?

Actualmente *(1984),* Brasil produce unos 8 Mtn de arroz, 22 de maíz, 2 de trigo. Así, unos 32 Mtn de tn de cereales. En esta región duplicarían ampliamente la producción actual. Pero, sobre todo, satisfaría el déficit alimentario ampliamente y le convertiría, tal vez, en exportador. No olvidemos que Brasil se ve obligado hoy, para obtener divisas y hacer frente a sus obligaciones internacionales, a exportar una parte de los alimentos que necesita para su consumo. Esta es la situación y así lograría resolver este grave problema.

TRECE

No olvidemos que a fin de siglo (*Escrito en 1984 por el autor)*, Brasil tendrá una población superior a 200 Mhb. A diferencia de la América de origen español, la lusitana ha permanecido unida.

Brasil es el triple que el mayor de los Estados hispanoparlantes (Argentina) y su población es casi el doble que el más poblado (México).

Brasil es una gran organización estatal, fuertemente unificada, con un acusado sentimiento nacional. Brasil es un gigante, cuyos problemas no pueden ser ignorados.

Con la situación financiera que padece, el porvenir no permite demasiadas esperanzas. Pero la población sigue creciendo y es preciso atender sus necesidades. Hasta fin de este siglo XX pueden ocurrir muchas cosas y depende de las medidas que ahora se adopten que éstas sean soportables o trágicas. Una sociedad no puede ser sometida a una presión insoportable. Si la situación anterior no era buena, la previsible no ofrece muchas dudas. La sociedad brasileña no puede soportar la presión conjunta de la crisis económica y el crecimiento demográfico y

forzosamente ha de entrar en una profunda convulsión en un plazo de tiempo no excesivamente lejano.

¿Qué es lo que puede ocurrir?

1984

<u>PROPUESTAS</u>

ALTO PARAGUAI

Y

PANTANAL DEL ARAGUAIA

ALTO PARAGUAI

Someto a su consideración una propuesta o sugerencia que, de corresponder a la realidad, podría contribuir a mitigar en cierta medida el déficit alimentario que padecen actualmente (1984) en la República Federativa del Brasil. Se trata en síntesis de lo siguiente:

Los pantanos del Alto Paraguai forman una vasta superficie desaprovechada, cubierta de sedimentos recientes, Las inundaciones anuales impiden que se puedan cultivar. La propuesta que hacemos consiste en drenar los pantanos para poner en cultivo una superficie de 8 millones de hectáreas. El desnivel es muy pequeño y la operación de drenaje resulta difícil, pero no imposible. Los afloramientos rocosos que hay a su salida, junto a Corumbá, contribuyen notablemente a mantener el Pantanal. Rebajando el nivel del lecho de los ríos y ampliando sus cauces, las aguas tendrían una mejor salida y probablemente los pantanales de los Xaraás no se inundaran. Se obtendría así una superficie agrícola comparable a la de Sao Paulo. En lugar de destinarse a cultivos comerciales, podrían servir de fuente de abastecimiento de materias primas alimentarias, arroz, maíz, etc.

Si se evitara la inundación, se podría obtener una cosecha durante la estación lluviosa. Si los ríos que la provocan fueran retenidos en parte por el círculo de montañas que envuelven la llanura, se tendría agua para una segunda cosecha durante la estación seca, o para el cultivo de forma ininterrumpida.

El Pantanal retiene las aguas del río Paraguai y le hace perder por evaporación grandes caudales. Un proyecto complementario a éste podría ser la desviación de estas aguas, una vez impedida la inundación, por un lado, y la evaporación, por otro, en territorio de Paraguay y Argentina, hacia el interior del Chaco, por debajo de la cota de los 100 metros sobre el mar, para la irrigación de las grandes llanuras meridionales.

Si se cultivara, por ejemplo, exclusivamente de arroz, a un rendimiento de 4 toneladas por hectárea (en muchas regiones -como aquí, en Valencia- se obtienen 6 toneladas) el rendimiento alimentario de la región sería de 32 millones de toneladas, más de lo que necesita el Brasil en estos momentos *(1984)*, pero menos de lo que va a necesitar al paso de una generación. Esto nos da   idea de la capacidad alimentaria del pequeño territorio.

Si esto fuera posible -con los medios de que dispongo, no puedo saberlo y también desconozco si algún proyecto ha sido considerado ya-, Brasil tendría una base alimentaria firme sobre la que sostenerse en un futuro inmediato y se evitarían las escabrosas consecuencias que se derivan de no tenerla. Con este deseo le envío la sugerencia, a la cual, de ser factible, no hay la menor duda de que la excelente ingeniería brasileira sabrá sacar   partido.

*****

PANTANAL DEL ARAGUAIA

Someto a su consideración una sugerencia relativa al aprovechamiento agrícola del río Araguaia:

Como se sabe, el Araguaia forma en su curso medio una extensa región pantanosa de casi 400 kilómetros a lo largo del río, con una anchura media cercana a los 100 kilómetros. Su extensión es de 3 a 4 millones de hectáreas. A lo largo de las edades el río ha depositado allí sus aluviones, creando un gran espacio potencialmente agrícola, cubierto por las inundaciones.

La primera duda que nos asalta es si los aluviones depositados por el Araguaia en ese territorio son fértiles o están formados por arenas y otros materiales estériles. Desde aquí y con los datos de que dispongo es imposible saberlo. Pero si esos aluviones fueran fértiles en su conjunto, Brasil podría ganar para su abastecimiento alimentario un espacio cultivado muy extenso, capaz de grandes producciones.

La propuesta que sugiero consiste en facilitar la salida de las aguas estancadas del Araguaia, retenidas por los obstáculos que ha de atravesar el río más abajo. Para ello bastaría con realizar una operación de drenaje, ampliando y, sobre todo, ahondando los cauces fluviales, con lo que la llanura aluvial quedaría libre para el cultivo.

Si este territorio fuera fértil y pudiera vaciarse con facilidad, y se cultivara de arroz, por ejemplo, se podría obtener de él entre 15 y 20 millones de toneladas de ese alimento, considerable ayuda a las demandas del Estado.

Además, la colonización del territorio, situado a 500 kilómetros al Noroeste de Brasilia, significaría un gran paso adelante en el proceso de ocupación de los espacios semivacíos del interior. Si su colonización fuera posible, podrían alojarse en el territorio varios millones de personas y tal núcleo habitado serviría de punto intermedio entre el Brasil tradicional y la Amazonía. Todo depende de la fertilidad de los suelos, hecho que, por desgracia no me es posible comprobar.

Tal vez, en su afán de aprovechar exhaustivamente sus espacios agrícolas, han considera y desechado ya esta posibilidad. Pero, en el caso de que no hubiera sido así, mucho me alegraría de que esta sugerencia pueda serles de utilidad.

*****

Página del autor en Amazon:

Amazon.com/author/juansanzsanz